Inhaltsverzeichnis

nachspuren, schreiben, malen

erkennen

hören

Feld zum Markieren erledigter Aufgaben

nk	★	✏️ 👁️	nk nachspuren; nk schreiben; nk im Satz einkreisen, Sätze abschreiben	3
	★	📖 👂	*Bilder mit passenden Wörtern verbinden; Stellung des nk-Lautes abhören (Inlaut, Auslaut)	4
	★	📖 ✏️	passende Sätze zuordnen; Sätze abschreiben	5
	★	📖 ✏️	stimmt oder stimmt nicht ankreuzen; passende Verbformen bilden	6
	★	📖 ✏️	Text lesen; Geschenkideen sammeln und umsetzen	7
	★	📖 ✏️	passende Textstellen unterstreichen, Sätze schreiben	8
ß	★	✏️ 👁️	ß nachspuren; ß schreiben; ß im Satz einkreisen, Satz abschreiben	9
	★	👂 ✏️	Silbenbögen mit Vokalen einzeichnen; Wörter nach der Anzahl der Silben ordnen	10
	★	📖 ✏️	passende Sätze zuordnen; Sätze abschreiben	11
	★	📖 ✏️	Gegenteile aufschreiben; passende Endungen bei Adjektiven einsetzen	12
	★	✏️	zu den Bildern schreiben	13
	★	📖	Text mit dem Lesepaten lesen, Kinderbuch vorstellen	14
	★	📖	Fragen beantworten, ankreuzen; sich über die Geschichte austauschen	15
X x	★	✏️ 👁️	X/x nachspuren; X/x schreiben; x in den Sätzen einkreisen	16
	★	📖 ✏️	*Bilder mit passenden Wörtern verbinden; passende Wörter schreiben	17
	★	📖 ✏️	passende Sätze zuordnen; Sätze abschreiben	18
	★	📖 ✏️	passende Verbformen einsetzen; stimmt oder stimmt nicht ankreuzen	19
	★	📖	Text lesen, passende Uhrzeiten in die Bilder einzeichnen	20
	★	📖 ✏️	Wörter verwandeln und schreiben; Hexenspruch verwandeln und aufsagen	21
	★	📖	Text mit dem Lesepaten lesen	22
	★	📖 ✏️	passende Stellen im Text unterstreichen und richtige Antwort finden	23
Y y	★	✏️ 👁️	Y/y nachspuren; Y/y schreiben; y in den Sätzen einkreisen	24
	★	👂	*Lautqualitäten des Y/y-Lautes unterscheiden und farbig nachspuren; Nomen nach dem Artikel ordnen	25
	★	📖 ✏️	passende Sätze zuordnen; Sätze abschreiben	26

*abgebildete Nomen mit dem jeweiligen Artikel benennen

Y y

- ★ 📖 ✏️ passend verbinden, Antwortsätze aufschreiben; einem Säulendiagramm Informationen entnehmen 27
- ★ 📖 Übungsanleitung mit dem Lesepaten lesen und ausführen 28
- ★ 📖 ✏️ E-Mail passend ergänzen 29
- ★ 📖 Text mit dem Lesepaten lesen; eigene Unterschrift gestalten 30

C c

- ★ ✏️ 👁 C/c nachspuren; C/c schreiben; C/c in den Sätzen einkreisen 31
- ★ 📖 ✏️ Bilder mit passenden Wörtern verbinden; Silben zusammensetzen 32
- ★ 📖 ✏️ passende Sätze zuordnen; Sätze abschreiben 33
- ★ 📖 passend verbinden; bekannte Fremdwörter erklären 34
- ★ 📖 ✏️ Comic lesen; mit Buchstaben experimentieren 35
- ★ 📖 Comic lesen 36
- ★ 📖 Text mit dem Lesepaten lesen; überlegen, was Clemens sagen könnte 37

ck

- ★ ✏️ 👁 ck nachspuren; ck schreiben; ck im Satz einkreisen, Satz abschreiben 38
- ★ 📖 🎧 Bilder mit passenden Wörtern verbinden; Reime verbinden 39
- ★ 📖 ✏️ passende Sätze zuordnen; Sätze abschreiben 40
- ★ ✏️ zu den Bildern schreiben 41
- ★ 📖 Text mit dem Lesepaten lesen, Kinderbuch vorstellen 42
- ★ ✏️ passende Stellen im Text unterstreichen und richtige Antwort finden 43
- ★ 📖 ✏️ Gegenteile aufschreiben; Text lesen und ergänzen und mit einem oder mehreren Partnern das Spiel spielen 44

Qu qu

- ★ ✏️ 👁 Qu/qu nachspuren; Qu/qu schreiben; Qu/qu im Satz einkreisen 45
- ★ 📖 ✏️ *Bilder mit passenden Wörtern verbinden; passende Wörter schreiben 46
- ★ 📖 ✏️ passende Sätze zuordnen; Sätze abschreiben 47
- ★ 📖 ✏️ passende Wörter ankreuzen; passende Sätze bilden 48
- ★ 📖 ✏️ Gedicht lesen; Sätze passend ergänzen 49
- ★ 📖 Spiel spielen 50
- ★ 📖 Ereigniskarten lesen und ausführen 51
- ★ 📖 Frosch nach der Bastelanleitung basteln 52

- ★ ✏️ Mein Wortschatz (Grundwortschatz-Heft zum Heraustrennen und Ergänzen) 53

Aufgaben mit unterschiedlichen Anforderungen:

- ① erkennen, wiedergeben
- ① übertragen, weiterführen
- 👋 Handlungshinweis
- ✏️ Schreibaufgaben für das Heft
- 👓 lesen – mit einem Partnerkind im Flüstersitz
- 💬 besprechen – mit einem Partnerkind

 trainieren – exekutive Funktionen (Aufgabenvorschläge: s. Umschlag hinten)

 besprechen – in der Gruppe (Vorschläge für Plenumsphasen: s. Umschlag hinten)

- • der
- • die Die Kinder nennen die Nomen der Bildwörter mit bestimmten
- • das Artikeln mithilfe der farbigen Punkte; erst ohne, später mit Abdecken der Artikelpunkte; auch in Partnerarbeit möglich

---

*abgebildete Nomen mit dem jeweiligen Artikel benennen

nk

1 Spure **nk** nach.

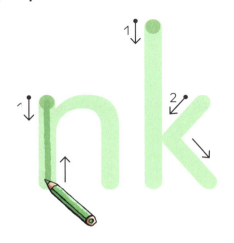

2 Schreibe **nk**.

nk   nk

3 Kreise **nk** ein und schreibe die Sätze ab.

Denke an den Punkt am Satzende.

A(nk)es Onkel ist krank.
Anke schenkt ihm Blumen.

nk nachspuren; nk schreiben;
nk im Satz einkreisen, Sätze abschreiben

nk

1 Ordne zu.

die Ba**n**k

die Türkli**nk**e

das Gesche**nk**

die Schra**nk**e

der Le**n**ker

der Schra**nk**

2 Trage **nk** passend ein.

 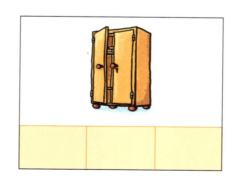 

nk

Bilder mit passenden Wörtern verbinden; abgebildete Nomen mit Artikel benennen; Stellung des nk-Lautes abhören (Inlaut, Auslaut)

nk

1 Ordne zu und schreibe ab.

~~Die Bank ist frei.~~   Lisa steht links.

Das Kind ist krank.   Nachts ist es dunkel.

Mama denkt an Imo.   Papa hat ein Geschenk.

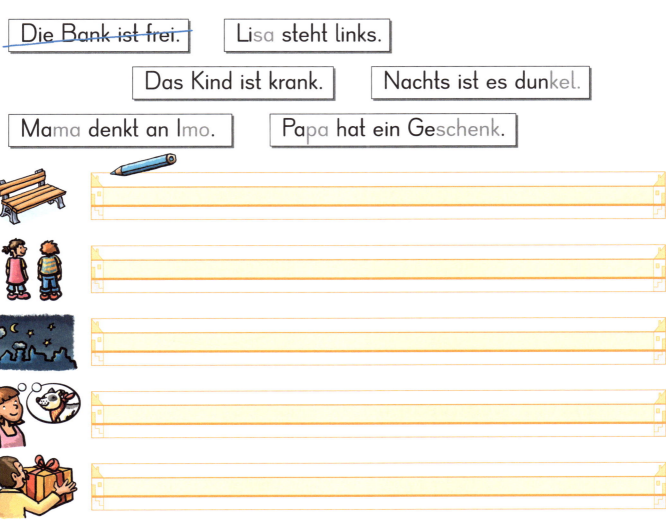

2

Lisa denkt sich ein Rätsel aus.
Man kann darauf sitzen.
Man kann dort Geld holen.
Es ist eine Bank.

passende Sätze zuordnen; Sätze abschreiben

nk

1 Kreuze richtig an.

	stimmt	stimmt nicht
Auf einer Bank kann man sitzen.	X	○
Nachts ist es dunkel.	○	○
Getränke kann man essen.	○	○
Alle Pflanzen stinken.	○	○
Bücher können denken.	○	○

Verben können sich verändern!

2 Schreibe das Wort (Verb) mit der passenden Endung auf.

Wer tut was?

	ich	er oder sie
trinken	ich trinke	er trinkt
winken	ich winke	sie
schenken		
lenken		
denken		

stimmt oder stimmt nicht ankreuzen; passende Verbformen bilden

nk

1 **Ideen für Geschenke**

Manchmal möchte man gerne etwas verschenken.

Lisa schenkt ihrer Mutter zum Muttertag ein Herz.

Ich freue mich, wenn ich dich seh, ich finde dich so nett, ich schenke dir mein H und E, mein R und auch mein Z.

Frantz Wittkamp

Leon schenkt Oma zum Geburtstag ein Lesezeichen.

2 Gestalte selbst ein Geschenk. Wem willst du es schenken?

Text lesen; Geschenkideen sammeln und umsetzen

nk

1 **Leon hat Geburtstag**

Leon feiert seinen Geburtstag.
Er bekommt viel Besuch.
Alle schenken ihm etwas.
Tante Anne schenkt ihm einen Ball.
Onkel Lars hat ein Buch für ihn.
Opa schenkt ihm eine Lupe.
Oma schenkt Leon einen Pulli.
Leons kleine Schwester Mia
hat ein Bild für ihn gemalt.
Leon freut sich: „Vielen Dank!"

2 Unterstreiche oben und schreibe auf, von wem welche Geschenke sind.

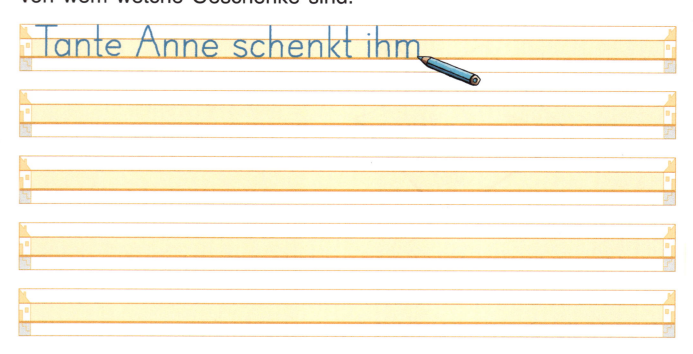

Tante Anne schenkt ihm

passende Textstellen unterstreichen, Sätze schreiben

1. Spure **ß** nach.

Fuß   grüßen   süß

weiß   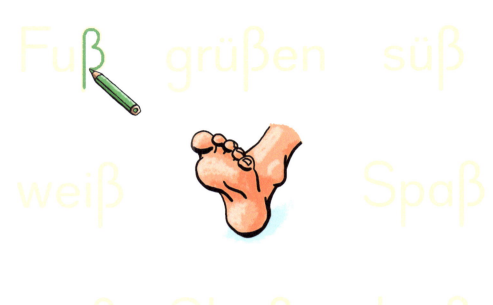   Spaß

groß   Straße   heiß

2. Schreibe **ß**.

3. Kreise **ß** ein und schreibe den Satz ab.

Heiß ist nicht kalt,
süß ist nicht sauer,
groß ist nicht klein.

Wörter mit ß musst du dir merken.

Wörter-Liste
heiß
süß
groß

ß nachspuren; ß schreiben;
ß im Satz einkreisen, Satz abschreiben

ß

1 Trage die Silbenbögen mit den passenden Silbenkernen ein.

Denke an alle Silbenkerne
a, e, i, o, u, ei, au, ie, eu, ä, ö, ü und äu.

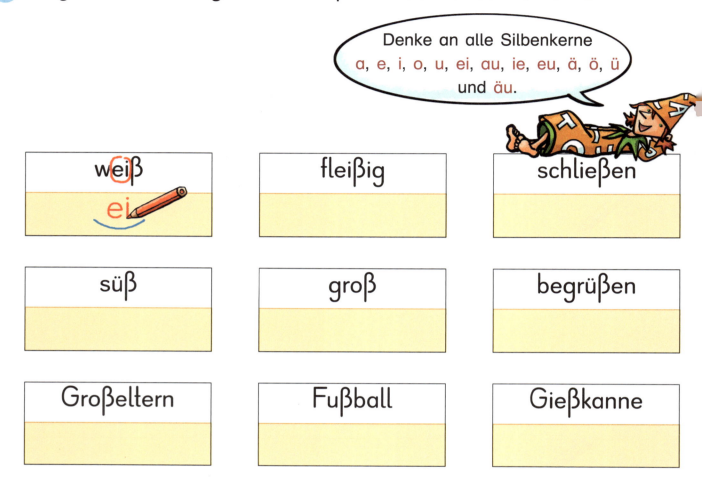

2 Ordne die Wörter nun nach Silben.

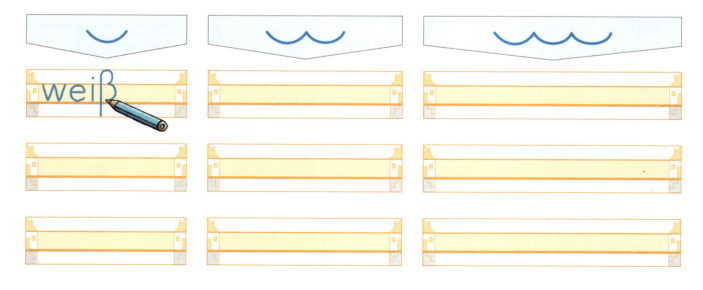

Silbenbögen mit Vokalen einzeichnen;
Wörter nach der Anzahl der Silben ordnen

ß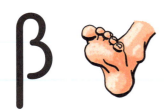

1 Ordne zu und schreibe ab.

~~Der Kuchen ist süß.~~   Tim lernt fleißig.

Die Kinder spielen Fußball.   Lisa schließt das Fenster.

Der Lehrer begrüßt uns.   Papa ist größer als Mama.

2

Die Kinder spielen Fußball.
Sie haben großen Spaß.

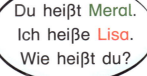

passende Sätze zuordnen; Sätze abschreiben

ß

1 Schreibe immer das Gegenteil.

| ~~süß~~ | heiß | weiß | dunkel | groß |

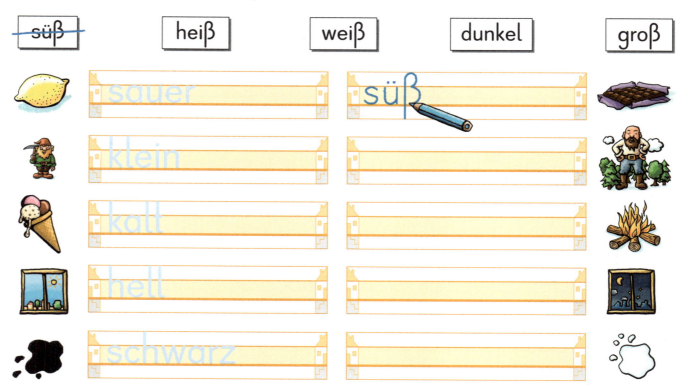

- sauer
- klein
- kalt
- hell
- schwarz
- süß

2 Ergänze `e`, `es` oder `er`.

Adjektive sagen, wie etwas ist.

groß
- ein groß **er** Mann
- eine groß **e** Frau
- ein groß **es** Mädchen

heiß
- eine heiß ⬜ Suppe
- ein heiß ⬜ Glas
- ein heiß ⬜ Tee

weiß
- ein weiß ⬜ Schrank
- eine weiß ⬜ Bank
- ein weiß ⬜ Bett

krank
- ein krank ⬜ Kind
- eine krank ⬜ Katze
- ein krank ⬜ Kater

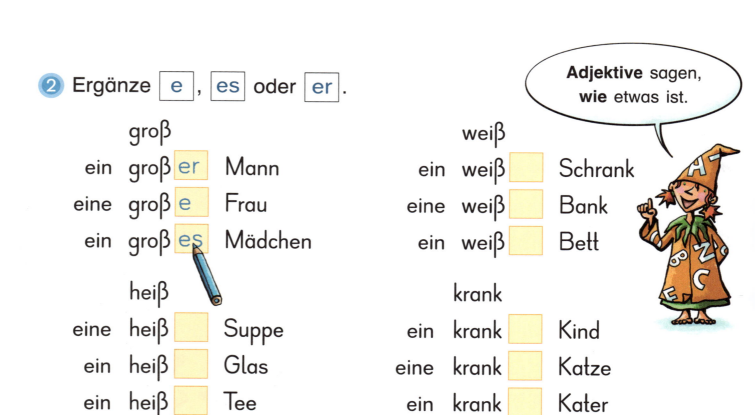

Gegenteile aufschreiben; passende Endungen bei Adjektiven einsetzen

ß

① Schreibe zu den Bildern.

Ein Sommertag

Fußball
spielen
Tor
schießen

Lisa und Tim

heiß
barfuß
Gießkanne
Füße

Es ist

zu den Bildern schreiben

13

ß

1 **Weißt du eigentlich, wie lieb ich dich hab?**

Der kleine Hase sollte ins Bett gehen,
aber er hielt sich noch ganz fest
an den langen Ohren des großen Hasen.

„Ich hab dich lieb, so hoch ich reichen kann",
sagte der kleine Hase.
„Ich hab dich lieb, so hoch ich reichen kann",
sagte der große Hase.

Das ist sehr weit, denkt sich der kleine Hase.
Hätte ich bloß auch so lange Arme.
Auf einmal hat der kleine Hase eine gute Idee.

„Ich hab dich lieb bis zum Mond",
sagte der kleine Hase und machte die Augen zu.
Der große Hase legte den kleinen Hasen
in sein Blätterbett. Er beugte sich über ihn
und gab ihm einen Gutenachtkuss.

Dann schmiegt er sich an den kleinen
Hasen und flüstert:
„Ja, bis zum Mond und wieder zurück
haben wir uns lieb."

Sam McBratney

Text mit dem Lesepaten lesen, Kinderbuch vorstellen

2 Unterstreiche die Antworten im Text auf Seite 14.
Kreuze die richtigen Antworten an.

Was sagt der große Hase?

Ich hab dich lieb so hoch ich springen kann. ○

Ich hab dich lieb so hoch ich werfen kann. ○

Ich hab dich lieb so hoch ich reichen kann. ○

Was sagt der kleine Hase?

Ich hab dich lieb bis zum Mund. ○

Ich hab dich lieb bis zum Mond. ○

Ich hab dich lieb bis zum Hund. ○

3 Sprecht über die Geschichte gemeinsam in der Gruppe.
Worum geht es?

Fragen beantworten, ankreuzen;
sich über die Geschichte austauschen

1 Spure **X** und **x** nach.

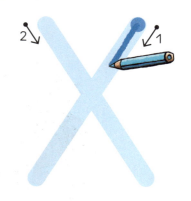  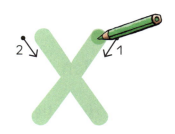

Xylofon Boxer Mixer

Hexe Lexikon Text

2 Schreibe **X** und **x**.

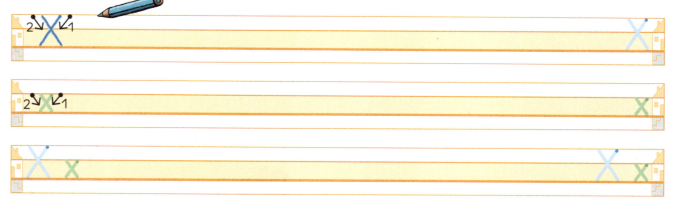

3 Kreise **x** ein.

Die Hexe schwimmt so gut wie die Nixe.
Die Nixe hext so gut wie die Hexe.

Wörter mit **X x** musst du dir merken.

X/x nachspuren; X/x schreiben;
x in den Sätzen einkreisen

1 Ordne zu.

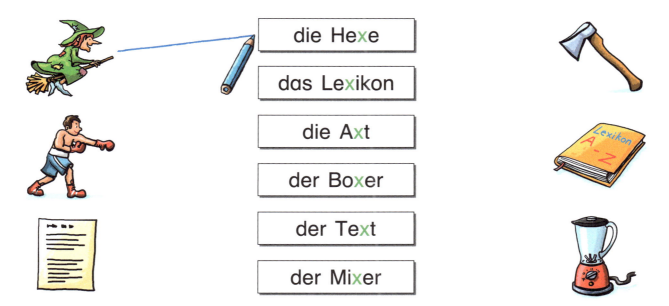

die He**x**e

das Le**x**ikon

die A**x**t

der Bo**x**er

der Te**x**t

der Mi**x**er

2 Schreibe.   ~~Boxer~~   Mixer   Lexikon   Hexe

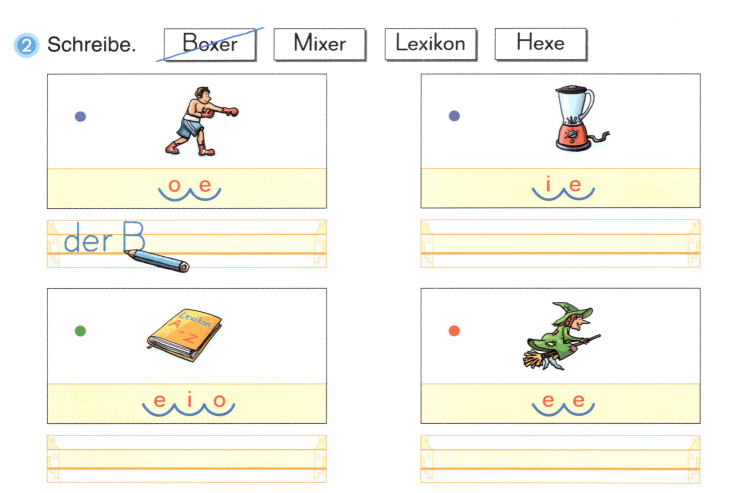

der B

Bilder mit passenden Wörtern verbinden;
abgebildete Nomen mit Artikel benennen; passende Wörter schreiben

17

X x

1 Ordne zu und schreibe ab.

~~Papa nimmt die Axt.~~   Leon begrüßt Max.

Lisa mag Hexenbücher.   Tim mixt Getränke.

Der kleine Boxer gewinnt.   Opa liest im Lexikon.

2

Lisa liest gern Bücher
über Hexen.
Max liest gern Texte
im Lexikon.

Ich mag Texte über …

passende Sätze zuordnen; Sätze abschreiben

X x

① Setze die Wörter (Verben) passend ein.

~~hexen~~   mixen   rollen   fliegen   boxen   blinken

Die Hexe   hext

Der Boxer

Der Mixer

Die Fliege

Der Roller

Der Blinker

Achte auf die Endungen! Denke an den Punkt am Satzende!

② Kreuze an.   stimmt   stimmt nicht

Mit der Axt schneidet man Brot.   ○   ✗

Ein Lexikon kann man essen.   ○   ○

In allen Märchen kommen Hexen vor.   ○   ○

Boxer boxen mit Boxhandschuhen.   ○   ○

Tee kocht man mit dem Mixer.   ○   ○

Texte kann man vorlesen.   ○   ○

passende Verbformen einsetzen;
stimmt oder stimmt nicht ankreuzen

X x

1 Verbinde und trage die Uhrzeit ein.

Morgens **früh um**

Morgens früh um
kommt die kleine Hex.

Morgens früh um
schabt sie gelbe Rüben.

Morgens früh um
wird Kaffee gemacht.

Morgens früh um
geht sie in die Scheun.

Morgens früh um
holt sie Holz und Spän.

Feuert an um ,
kocht dann bis um zwölf.

Fröschebein und Krebs und Fisch,
hurtig Kinder, kommt zu Tisch!

Volksgut

20    Text lesen, passende Uhrzeiten in die Bilder einzeichnen

X x

1 Lies den Hexenspruch und ergänze.

Simsalabim ... Irmela Brender

... und Sumsalabum,
jetzt wandeln wir die Wörter um.
Vertauscht man a, e, i, o, u,
dann geht es
wie beim Zaubern zu:

Die Hand wird zum Hund,
der Mond wird zum Mund,
der Riese zur Rose,

der Hase zur H_____.

2 Wandle die Wörter um.

Der Enkel wird zum **Onkel**

Die Hummel wird zum _____

Der Engel wird zur _____

Die Tante wird zur _____

3 Lies und verwandle die Hexensprüche.

Hokus, pokus, fidibus,
Mixer, Hexe, Autobus.

Hikis, pikis ...

Hakas, pakas, fadabas,
Maxar, Haxa, Atabas.

Hekes, pekes, fedebes,
Mexer, Hexe, Etebes.

Wörter verwandeln und schreiben; Hexenspruch verwandeln und aufsagen

X x

1 Die kleine Hexe hat Ärger

Das Hexen ist keine einfache Sache.
Wer es im Hexen zu etwas bringen will,
darf nicht faul sein.

Die kleine Hexe übte gerade das Regenmachen.
Der Rabe Abraxas saß neben ihr
und war unzufrieden.

„Du sollst einen Regen machen",
krächzte er vorwurfsvoll,
„und was hext du?
Beim **ersten** Mal lässt du es weiße Mäuse regnen,
beim **zweiten** Mal Frösche,
beim **dritten** Mal Tannenzapfen!
Ich bin ja gespannt, ob du wenigstens jetzt
einen richtigen Regen zustande bringst!"

Da versuchte die kleine Hexe zum **vierten** Mal,
einen Regen zu machen. Sie ließ eine Wolke am Himmel
aufsteigen, winkte sie näher und rief,
als die Wolke genau über ihnen stand: „Regne!"
Die Wolke riss auf und es regnete – Buttermilch.

Otfried Preußler

Text mit dem Lespaten lesen

2 Unterstreiche die Antworten in dem Text auf Seite 22.
Kreuze die richtige Antwort an.

Was sollte die kleine Hexe zaubern?

Schnee ◯

Regen ◯

Sturm ◯

Der Rabe Abraxas

krächzte vorwurfsvoll. ◯

lobte die kleine Hexe. ◯

war mit der kleinen Hexe zufrieden. ◯

3 Schreibe die richtige Antwort auf.

Was hexte die kleine Hexe beim **ersten** Mal?

Sie hexte

Was hexte die kleine Hexe beim **zweiten** Mal?

Was regnete beim **vierten** Mal herunter?

passende Stellen im Text unterstreichen und richtige Antwort finden

23

Y y

1 Spure **Y** und **y** nach.

Pony   Xylofon   Yak

Baby   Teddy   Pyramide

2 Schreibe **Y** und **y**.

3 Kreise **Y** und **y** ein.

Yoshua spielt Xylofon und reitet gern auf seinem Pony. Aylin mag Yoga.

Wörter mit **Y y** musst du dir merken.

Y/y nachspuren; Y/y schreiben; y in den Sätzen einkreisen

Y y

❶ Unterscheide.

Y y wie in Yak

Y y wie in Baby

Y y wie in Pyramide

Wie klingt das Y y?
Klingt es wie j?
Klingt es wie i?
Klingt es wie ü?

das Pony

die Yacht

das Handy

der Teddy

das Xylofon

das Yoga

❷ Ordne die Wörter (Nomen) nach den Artikeln **der**, **die** oder **das**.

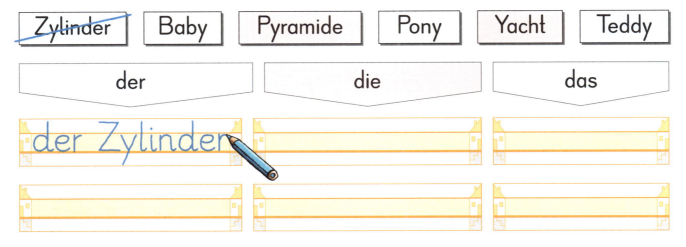

Zylinder   Baby   Pyramide   Pony   Yacht   Teddy

der — die — das

der Zylinder

abgebildete Nomen mit Artikel benennen; Lautqualitäten des Y/y-Lautes unterscheiden und farbig nachspuren; Nomen nach dem Artikel ordnen

25

Y y

1 Ordne zu und schreibe ab.

~~Das Baby schreit.~~   Lisa spielt Xylofon.

Das Pony ist klein.   Tim liebt seinen Teddy.

Aylin macht Yoga.   Opa trägt einen Zylinder.

2

Jeder hat ein anderes Hobby.
Aylin macht Yoga.
Leon pflegt ein Pony.

In Ägypten gibt es Pyramiden.

passende Sätze zuordnen; Sätze abschreiben

Y y

1 Verbinde und schreibe die passende Antwort.

Es ist ein sehr kleines Pferd.

Es ist ein

Es ist ein Schmusetier.

Es ist ein ganz kleines Kind.

ein Baby

ein Pony

ein Teddy

2 Lies und ergänze.

Das Baby sitzt mit 8 Monaten.

Es krabbelt mit ☐ Monaten.

Es läuft mit ☐ Monaten.

passend verbinden, Antwortsätze aufschreiben;
einem Säulendiagramm Informationen entnehmen

Y y

1 Lies und probiere **die Stuhl-Gymnastik** aus.

Wer lange sitzt, braucht Bewegung
im Klassenzimmer.
Probiere die Übungen aus.

Schulterheber

Ziehe beide Schultern nach oben.
Lass sie dann
ganz entspannt fallen.

Radfahrer

Hebe die Beine an.
Bewege die Beine wie beim
Radfahren in der Luft.

Hüpfer

Stütze dich auf die Lehne.
Springe nun von links
nach rechts.

Armgreifer

Greife mit den Händen
ganz weit nach oben.

Schräge Bahn

Stütze dich
mit den Händen
auf dem Stuhl ab
und hebe den Po an.

Lesepate:

Übungsanleitung mit dem Lesepaten lesen und ausführen

Y y

1 Schreibe die passenden Wörter in die E-Mail.

Timmy   okay   ~~Hey~~   Pyramiden

aylin@

_____ Aylin,

wie geht es dir? Bei mir ist alles _____.

Ich habe heute ein spannendes Hörbuch gehört:

Mister Y und die verschwundenen _____.

Liebe Grüße

Dein _____

Du kannst die E-Mail auch abtippen.

Am liebsten lese ich Bücher. Und ihr?

E-Mail passend ergänzen

29

Y y

1 Yo Rühmer

Yo Rühmer hat Lola erfunden
und die meisten Bilder in diesem Heft gezeichnet.
Sie hat uns einige Fragen beantwortet.

Wie ist Lola entstanden?
Ich habe ganz viel probiert
und erst aufgehört zu zeichnen,
als sie mir gefallen hat.
Nur Schuhe fielen mir für Lola nicht ein.
Deshalb hat sie keine an.
Dabei ist es ganz schön schwer, die Füße
mit den vielen kleinen Zehen zu malen.

Haben Sie schon als Kind gut gezeichnet?
Ja, das war schon immer mein Hobby.
Dieses Bild habe ich im Kindergarten gemalt.

Woher kommt der Name Yo?
Meinem Papa hat der Name sehr gut gefallen.
Aber weil man an Yo nicht erkennen kann,
ob ich ein Mädchen oder ein Junge bin,
haben mich meine Eltern Yolanthe genannt.
Wichtige Sachen unterschreibe ich mit Yolanthe.

2 Meine Unterschrift:

C c

1 Spure **C** und **c** nach.

Clown   Camping   Cent

Computer   Creme   Comic

2 Schreibe **C** und **c**.

3 Kreise **C** und **c** ein.

Lisa schreibt am Computer.
Tim liest einen Comic.
Mama geht Cola und Creme kaufen.

Wörter mit **C c** musst du dir merken.

Wörter-Liste
Creme
Computer

C/c nachspuren; C/c schreiben;
C/c in den Sätzen einkreisen

31

C c

1 Ordne zu.

Meistens klingt **C** wie **K**: *Computer*.
Manchmal klingt **C** wie **ß**: *Cent*.

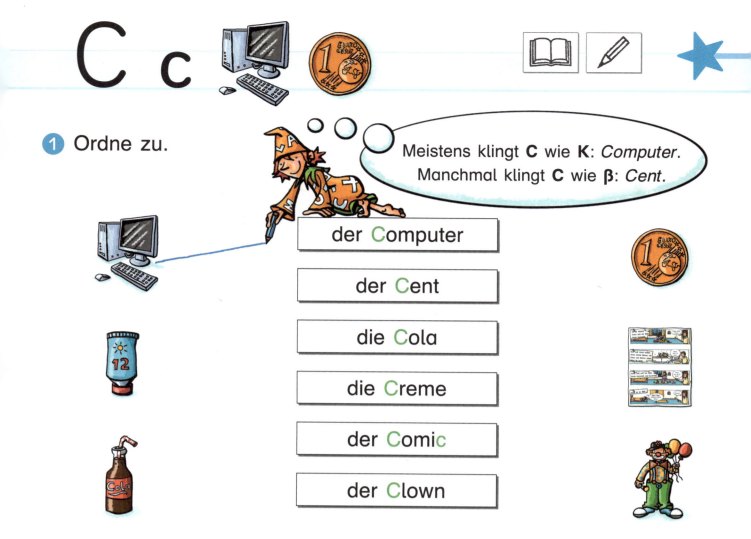

der Computer

der Cent

die Cola

die Creme

der Comic

der Clown

2 Setze die passenden Silben zusammen.

He — mic
Co — xe
Mi — xer

Ted — me
Cre — ny
Po — dy

He

Bilder mit passenden Wörtern verbinden; Silben zusammensetzen

C c

1 Ordne zu und schreibe ab.

~~Lisa liest einen Comic.~~   Der Clown macht Späße.

Der Junge heißt Nico.   Mama kauft Creme.

Tim schreibt am Computer.

2

Papa ist am Computer.
Lisa liest einen Comic.

passende Sätze zuordnen; Sätze abschreiben

33

C c

1 Manche Wörter haben wir aus anderen Sprachen übernommen.
Oft kommen diese Wörter aus der englischen Sprache.
Kennst du ihre Bedeutung? Verbinde.

Abkürzung für **Compact Disc** – eine Scheibe zum Speichern von Bildern und Tönen		der Clown *(sprich: Klaun)*
Spaßmacher – er tritt im Zirkus auf und bringt Leute zum Lachen		die Couch *(sprich: Kautsch)*
kühl – jemand, der keine Angst zeigt		cool *(sprich: kuhl)*
Sofa – ein Polstermöbel zum Sitzen und Liegen		der Computer *(sprich: Kompjuta)*
ein Rechner oder eine elektronische Rechenanlage		die CD *(sprich: Zehdeh)*

2 Erkläre einem anderen Kind Wörter, die du kennst. Achte auf die Aussprache.

das Skateboard   die Cornflakes

der Container   das Couscous

Ihr könnt auch im Wörterbuch oder im Lexikon nachschlagen!

 passend verbinden; bekannte Fremdwörter erklären

C c

1 Lies und betrachte den Comic.

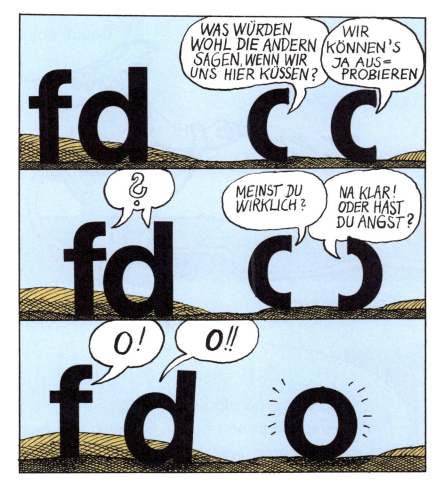

Paul Maar

2 Erzähle einem anderen Kind, was in dem Comic passiert.

3 Male, was passiert.

Was passiert, wenn **V** und **V** sich treffen? _____

Was passiert, wenn man das **u** auf den Kopf stellt? _____

Was passiert, wenn man das **p** auf den Kopf stellt? _____

Comic lesen; mit Buchstaben experimentieren

C c

① **Lies den Comic.**

Comic lesen

C c

1 **Die C-Geschichte**

Jeden Abend, wenn Clemens
von seinem Freund Carlo kommt,
beklagt er sich bei Mama und Papa.

Am **Montag** klagt er:
„Carlo darf Cola trinken, soviel er will!"

Am **Dienstag** klagt er:
„Carlo darf an Fasching ein Cowboy sein.
Ich will auch kein Clown mehr sein."

Am **Mittwoch** klagt er:
„Carlo darf Comics lesen!"

 Am **Donnerstag** klagt er:
„Carlo hat einen Computer."

Am **Freitag** klagt er:
„Carlo kriegt alles.
Carlos Eltern sind viel lieber als ihr!"

Papa und Mama schauen sich an.
„Nachher rufen wir bei Carlos Eltern an", sagt Papa.
„Vielleicht haben sie noch Platz für dich."

Karin Schupp

Lesepate:

Was könnte Carlo antworten?

Text mit dem Lesepaten lesen; überlegen, was Clemens sagen könnte

ck

1 Spure **ck** nach.

Zucker  Jacke

Glocke

Schnecke   dick   Hecke

2 Schreibe **ck**.

 ck ck

3 Kreise **ck** ein und schreibe den Satz ab.

Tro(ck)en ist nicht nass,
dreckig ist nicht sauber,
dick ist nicht dünn.

38   ck nachspuren; ck schreiben;
ck im Satz einkreisen, Satz abschreiben

ck

1 Ordne zu.

die Decke

die Schnecke

der Rock

der Sack

die Socken

die Jacke

der Wecker

die Brücke

2 Finde alle Reime.

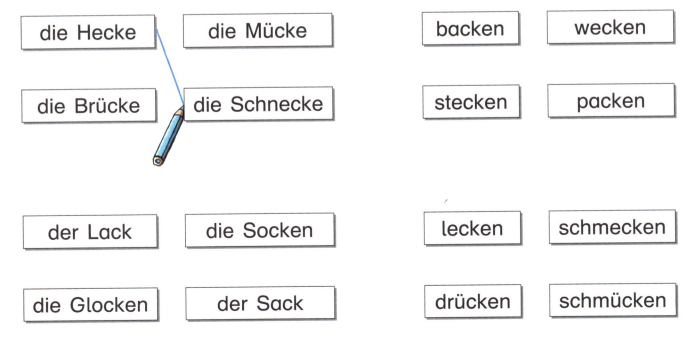

| die Hecke | die Mücke | backen | wecken |
| die Brücke | die Schnecke | stecken | packen |

| der Lack | die Socken | lecken | schmecken |
| die Glocken | der Sack | drücken | schmücken |

Bilder mit passenden Wörtern verbinden; Reime verbinden

39

ck

1 Ordne zu und schreibe ab.

Mama weckt Lisa.	Papa packt den Koffer.
Lea zieht den Rock an.	Tim steht auf der Brücke.
Die Schnecke ist dick.	Die Jacke hat einen Fleck.

2

Die Leiter wackelt.
Tim fällt herunter.
Er hat Glück.
Ihm tut nichts weh.

passende Sätze zuordnen; Sätze abschreiben

ck

① Schreibe zu jedem Bild einen Satz.

Am Wochenende

zu den Bildern schreiben

ck

1 **Die Schnecke und der Buckelwal**

Ein großes Tier, ein kleines Tier –
ihre Geschichte siehst du hier.

Die Seeschnecke kriecht auf dem Fels hin und her,
vor Sehnsucht ist ihr das Herz ganz schwer.
Das Meer ist so blau, der Himmel so weit,
es gibt keine bessere Reisezeit.
„Ich will fort, ich will weg!",
sagt die kleine Schneck.

Und eines Nachts, von ganz weit her,
da kommt ein Wal aus dem blauen Meer.
Ein Buckelwal ist es, so groß wie ein Schiff,
und er singt ein Lied vom Korallenriff,
von Wellen und Wogen, von Sonne und Wind,
von Weiten, die voller Wunder sind.

Und was sagt der Wal zum Schneckentier?
Er sagt: „Steig auf und fahr mit mir."

Auf geht's und los, die Welt ist groß.
Schön ist es auf dem Buckelwal-Floß.

Julia Donaldson und Axel Scheffler

Lesepate:

Text mit dem Lesepaten lesen, Kinderbuch vorstellen

ck

2 Unterstreiche die Antworten im Text auf Seite 42.
Kreuze die richtigen Antworten an.

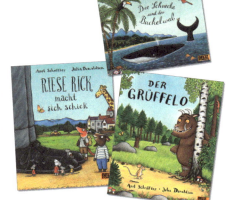

Was sagt die kleine Schneck?

„Ich will hierbleiben. Hier ist es schön!" ◯

„Ich will fort, ich will weg!" ◯

Wer kommt des Nachts?

ein Blauwal ◯

ein Zahnwal ◯

ein Buckelwal ◯

ein Schweinswal ◯

Was sagt der Wal?

„Geh weg und bleibe hier." ◯

„Steig auf und fahr mit mir." ◯

passende Stellen im Text unterstreichen und richtige Antwort finden

43

ck

1 Schreibe immer das Gegenteil.

| ~~trocken~~ | eckig | dreckig | dick |

nass — trocken
dünn
rund
sauber

2 Lies und ergänze. Spielt das Spiel gemeinsam.

Ich packe in meinen Rucksack ein 👗.

Ich packe in meinen Rucksack ein 👗 und eine 🧥.

Ich packe in meinen Rucksack ein 👗, eine 🧥 und eine 👖.

Ich packe in meinen Rucksack ein 👗, eine 🧥, eine 👖 und _____.

Ich packe in meinen Rucksack ein Kleid.

Ich packe in meinen Rucksack ein Kleid und eine Jacke.

44

Gegenteile aufschreiben;
Text lesen und ergänzen; mit einem oder mehreren Partnern das Spiel spielen

Qu qu

1 Spure **Qu** und **qu** nach.

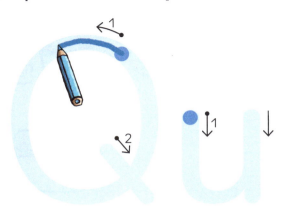

Quadrat Quartett Quark

Qualle Qualm quaken

2 Schreibe **Qu** und **qu**.

Qu   Qu

qu   qu

Qu qu   Qu qu

3 Kreise **Qu** und **qu** ein.

Quallen schwimmen im Meer,
kreuz und quer, hin und her.

Ich spreche **Kw**, aber ich schreibe **Qu**.

Quatsch

Qu/qu nachspuren; Qu/qu schreiben;
Qu/qu im Satz einkreisen

45

Qu qu

1 Ordne zu.

das Quartett
der Qualm
der Quark
das Quadrat
die Qualle
die Quelle

2 Schreibe.  Qualle   Quark   Quartett

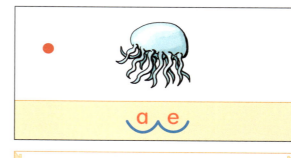

46

Bilder mit passenden Wörtern verbinden; abgebildete Nomen mit Artikel benennen; passende Wörter schreiben

Qu qu

1 Ordne zu und schreibe ab.

Das Sofa ist bequem.   Der Ofen qualmt.
Das Kind macht Quatsch.   Das Schwein quiekt.
Es gibt Kartoffeln mit Quark.   Wir spielen Quartett.

2

So ein Quatsch:
Der Quark qualmt.
Das Quadrat quakt.

passende Sätze zuordnen; Sätze abschreiben

Qu qu

1 Kreuze an, welche Wörter zusammengehören.

der Quatsch	das Quadrat	der Qualm
quatschen ✗	quadratisch ○	quellen ○
quaken ○	quer ○	qualmen ○

der Drucker	der Dreck	der Wecker
drucken ○	eckig ○	wecken ○
gucken ○	dreckig ○	lecken ○

2 Bilde mit den Wörtern (Verben) passende Sätze.

~~quietschen~~   qualmen   quieken   quaken   quatschen

Achte auf die Endungen! Denke an den Punkt am Satzende!

Tür — Die Tür quietscht

Frösche —

Ofen —

Schwein —

Kinder —

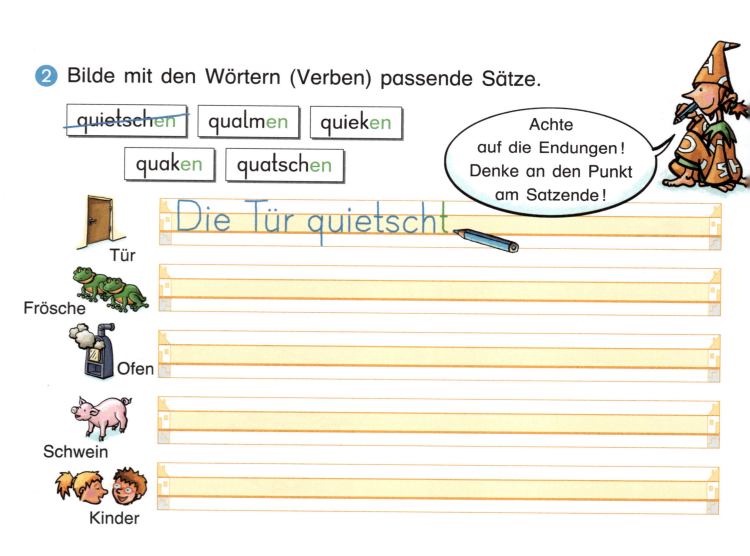

48 passende Wörter ankreuzen; passende Sätze bilden

Qu qu

1 Lies das Gedicht.

Manchmal

An manchen Tagen geht nichts zusammen:

Da bellt die Maus.
Da kräht der Frosch.
Da muht das Schwein.
Da piepst der Hund.
Da quakt der Hahn.
Da quiekt das Huhn.
Da gackert die Ziege.
Da meckert die Kuh.

nach Jürgen Spohn

2 Schreibe passende Wörter (Verben).

Wie ist es richtig?

Mäuse piepsen   Hähne

Frösche   Hühner

Schweine   Ziegen

Hunde   Kühe

Gedicht lesen; Sätze passend ergänzen

Qu qu

1 Spiele mit einem anderen Kind.

Würfel-Spiel

Das braucht man: Spielsteine, einen Würfel.

Spielanleitung:

Man darf so viele Felder vorgehen, wie man gewürfelt hat.
Wer auf ein Ereignisfeld kommt, muss die Anweisung befolgen.
Wer dabei einen Fehler macht, muss einmal aussetzen.
Sieger ist, wer zuerst in das Ziel kommt.

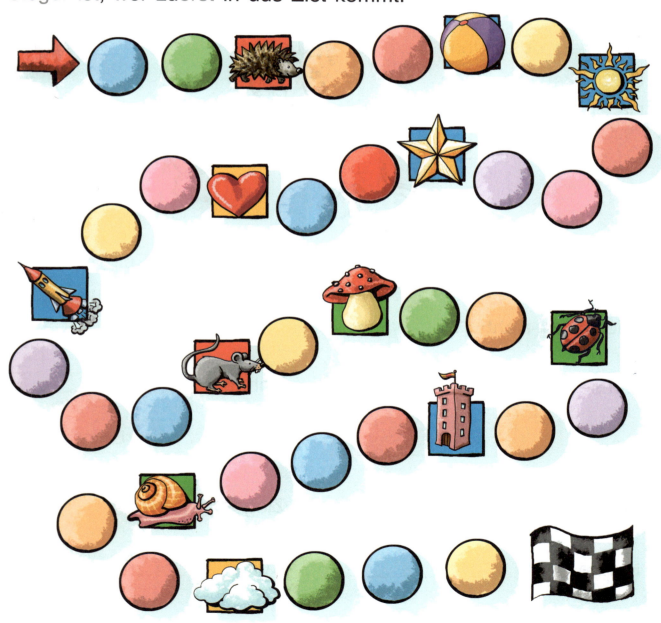

50

Spiel spielen

Qu qu

Nenne ein Wort mit drei Silben.

Nenne eine Märchenfigur.

Mache es dir bequem. Setze eine Runde aus.

Finde zwei Wörter, die sich reimen.

Toll, du darfst noch einmal würfeln.

Schreibe ein Wort mit **Qu** oder **qu** auf.

Bilde ein Wort mit vier Buchstaben.

Nenne ein Wort mit einer Silbe.

Nenne ein Wort mit **l** am Ende.

Nenne ein Wort mit **K** oder **k**.

Du hast zu viel gequatscht. Drei Felder zurück!

Erfinde einen witzigen Hexenspruch.

Ereigniskarten lesen und ausführen

Qu qu

1 Lies und falte.

Aus einem Quadrat wird ein Frosch

Du brauchst ein quadratisches Blatt Papier.

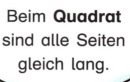
Beim **Quadrat** sind alle Seiten gleich lang.

1. Knicke die untere Ecke nach oben.

2. Knicke die rechte Spitze des Dreiecks auf die linke, falte das Papier und öffne es gleich wieder.

3. Falte die rechte Spitze des Dreiecks bis zur Mitte und dann gleich wieder nach außen. Jetzt hast du das rechte Froschbein.

4. Falte auf die gleiche Weise auch das linke Froschbein.

5. Drehe den Frosch um und male Augen auf. Fertig ist dein Frosch!

Frosch nach der Bastelanleitung basteln

Einsterns Schwester 1/2

Name

Mein Wortschatz

Cornelsen

X x

Y y

Z z

die **Zahl**, die Zahlen
zählen, er zählt
der **Zahn**, die Zähne
der **Zucker**

Kleine Wörter:

aber, alle, als, am, an, auf,
aus, bei, bis, da, das, der,
die, doch, du, durch, ein,
eine, er, es, für, ich, im, in,
ist, mit, nach, nicht, nun,
oder, schon, sie, sind, so,
über, um, und, viel, von,
vor, was, wir, wo

So schreibst du ab!

 lesen
 merken
 abdecken
 schreiben
 vergleichen

A a

die **Ampel**, die Ampeln
der **Apfel**, die Äpfel
das **Auge**, die Augen
das **Auto**, die Autos

B b

das **Baby**, die Babys
baden, sie badet
der **Ball**, die Bälle
der **Bauch**, die Bäuche
der **Baum**, die Bäume
die **Biene**, die Bienen
das **Bild**, die Bilder

die **Blume**, die Blumen
das **Brot**, die Brote
das **Buch**, die Bücher
der **Bus**, die Busse

C c

D d

die **Dose**, die Dosen

E e

das **Ei**, die Eier
die **Ente**, die Enten

U u

die **Uhr**, die Uhren
der **Stein**, die Steine
der **Stift**, die Stifte

T t

die **Tasche**, die Taschen
die **Tasse**, die Tassen
das **Telefon**, die Telefone
das **Tier**, die Tiere
der **Tisch**, die Tische
die **Tomate**, die Tomaten
die **Tür**, die Türen

V v

der **Vater**, die Väter
der **Vogel**, die Vögel

W w

der **Wal**, die Wale
das **Wasser**
die **Wiese**, die Wiesen
das **Wort**, die Wörter

der **Garten**, die **Gärten**
gehen, er **geht**
das **Geld**, die **Gelder**
das **Gemüse**
das **Gras**, die **Gräser**

H h

halten, er **hält**
die **Hand**, die **Hände**
der **Hase**, die **Hasen**
das **Haus**, die **Häuser**
das **Heft**, die **Hefte**
helfen, er **hilft**
der **Helm**, die **Helme**

der **Esel**, die **Esel**
essen, er **isst**

F f

fahren, sie **fährt**
der **Finger**, die **Finger**
fragen, sie **fragt**
die **Frau**, die **Frauen**
der **Freund**, die **Freunde**
der **Fuß**, die **Füße**

G g

die **Gabel**, die **Gabeln**

S s

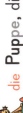
der **Saft**, die **Säfte**
sagen, er **sagt**
der **Salat**, die **Salate**
die **Schere**, die **Scheren**
schlafen, sie **schläft**
schreiben, sie **schreibt**
die **Schule**, die **Schulen**
die **Seife**, die **Seifen**
der **Sessel**, die **Sessel**
singen, sie **singt**
sitzen, sie **sitzt**
die **Sonne**
spielen, er **spielt**

der **Pinsel**, die **Pinsel**
die **Puppe**, die **Puppen**

Qu qu

R r

die **Raupe**, die **Raupen**
rechnen, sie **rechnet**
der **Regen**
reiten, er **reitet**
der **Ring**, die **Ringe**
der **Rock**, die **Röcke**
rufen, er **ruft**

H h

die **Hexe**, die Hexen
die **Hose**, die Hosen
der **Hund**, die Hunde
hören, sie hört

I i

der **Igel**, die Igel

J j

die **Jacke**, die Jacken
der **Junge**, die Jungen

K k

die **Katze**, die Katzen
der **Keks**, die Kekse
die **Kerze**, die Kerzen
das **Kind**, die Kinder
das **Kissen**, die Kissen
die **Kiste**, die Kisten
das **Kleid**, die Kleider
der **Kopf**, die Köpfe

L l

der **Laden**, die Läden
die **Lampe**, die Lampen
laufen, er läuft

M m

das **Mädchen**, die Mädchen
malen, sie malt
die **Mama**, die Mamas
der **Mantel**, die Mäntel
die **Maus**, die Mäuse
der **Mund**, die Münder

N n

die **Nacht**, die Nächte
der **Name**, die Namen
die **Nase**, die Nasen
die **Nudel**, die Nudeln

lernen, sie lernt
lesen, er liest
der **Löwe**, die Löwen
das **Licht**, die Lichter

O o

das **Ohr**, die Ohren
die **Oma**, die Omas
der **Opa**, die Opas

P p

das **Pferd**, die Pferde